TAROT:
Un curso en la palma de tus manos

Maite Troncoso Vergara

Índice

Contenido

Generalidades

No tomes jamás esto como un manual a seguir al derecho y al revés, estas "generalidades" son consejos. Todo aquello que habría querido saber al momento de iniciar mi viaje en el tarot.

- Las cartas deben escogerse intuitivamente.

- Los arcanos menores son un espejo, si tiene un resultado en específico en su posición normal tendrá el opuesto en su forma invertida. Y viceversa.

- Es importante observar las imágenes, números y palabras y pensar ¿qué nos evocan?

- Evocar las sensaciones y primeras palabras que se vienen a la mente en base a la carta y la pregunta siempre es una buena idea.

- Si absorbes energía muy fácilmente es imperante cubrirte la cabeza con un pañuelo o velo.

- Debes limpiar tu mazo al menos una vez.

- Es útil tener cristales, agua y hierbas en el área de lectura para protección.
- Nunca está de más activar sigilos de visión antes de una lectura, si usas maquillaje puedes dibujarlos con tu base y difuminarlos.

- No hay una sola forma correcta de barajar, cada quien tiene su estilo.

- Siempre hay que asegurarse de tener espacio para la tirada.

- Se puede limpiar el mazo con humo, sonido o cristales.

- Es recomendable hacer una lectura de reconocimiento en cada mazo y sacar 6 cartas. La primera nos dirá las fortalezas del mazo, la segunda su visión de sí mismo, la tercera sus debilidades, la cuarta tu relación con él, la quinta qué aprenderás y la sexta que te represente.

Arcanos mayores

El loco

Representa: El espíritu

Iniciar una aventura, comenzar algo nuevo, invitación a tomar un salto de fe, nuevos comienzos, optimismo, entusiasmo, inocencia, ingenuidad, espontaneidad, persona aventurera, espíritu libre, libertad, juventud, niña interior, niños.

Locura, irreflexión, extravagancia, falta de disciplina, inconsideración, delirio, frenesí, inseguridad, frivolidad, pasión, entusiasmo.

Invertida: Elección equivocada, indecisión, apatía, decisión errónea.

El mago

Representa: Voluntad personal.

Habilidades, talento, dones, creatividad, invitación a darse cuenta de que se tiene todo lo que se necesita dentro de sí misma, manifestación, conexión con los 4 elementos, traer ideas a la realidad.

Destreza, astucia, originalidad, creatividad, confianza en sí misma, espontaneidad, habilidad, fuerza de voluntad, flexibilidad, artificio, dominio, estratagema.

DInvertida: Debilidad de voluntad, ineptitud, inseguridad, retraso, voluntad aplicada a malos fines, indecisión.

La alta sacerdotisa

Representa: Conocimientos secretos o la sabiduría oculta.

Invitación a seguir la intuición, sueños, visiones, dones espirituales, invitación a reflexionar o meditar, descubrir la verdad propia, divinidad femenina (the divine femenine), lo oculto, conocimiento sagrado.

Sabiduría, sentido común, aprendizaje, serenidad, objetividad, previsión, percepción, impasibilidad, impaciencia, soltería, práctica, maestría.

Invertida: ignorancia, incomprensión, egoísmo, juicio incorrecto, superficialidad.

La emperatriz

Representa: Fertilidad, como resultado de la intuición.

Abundancia, fertilidad (no se refiere normalmente a embarazo), creatividad, lo divino femenino, figura materna, invitación a dar a luz a tus deseos, sensualidad, cuidar, nutrir, empatía, compasión, belleza, naturaleza.

Progreso femenino, fecundidad, acción, logros, madre, hermana, esposa, matrimonio, hijos, influencia femenina, riqueza, hostigamiento, prodigalidad, capacidad de influir en otros, jefe, mujer de negocios, equilibrada, práctica, decisiva, intuitiva.

Invertida: Vacilación, ansiedad, desperdicio de recursos, infertilidad, infidelidad, pérdida de posesiones materiales.

El emperador

Representa: El control autoritario mediante la inteligencia. Signo zodiacal: Aries

Divino masculino, invitación a tomar acción, líder natural, figura paterna, autoridad, poder, estructura, establecimiento, proveedor, protector, práctico, estratégico, visionario, construir un legado/imperio.

Poder mundano, capacidad, confianza, riqueza, estabilidad, autoridad, espíritu indomable, padre, hermano, esposo, influencia masculina, presión directa, comunicación, convicción, fuerza, consecución de metas.

Invertida: inmadurez, sin fuerza, indecisión, incapaz de controlar emociones mezquinas.

El sumo sacerdote/El Pontífice

Representa: Conformismo y ortodoxia. Signo zodiacal: Tauro

Invitación a darte cuenta que eres tu mejor maestra, sigue tu intuición, despertar espiritual, alejarse de creencias o tradiciones antiguas, crecer, transformar, trascender, aprender lecciones nuevas.

Ceremonias, humildad, bondad, amabilidad, inspiración, alianza, servidumbre, inactividad, falta de comunicación, timidez, reserva evidente, esclavitud a las propias ideas, persona a la que puede recurrirse, ritualismo, indulgencia.

Invertida: Exceso de amabilidad, susceptibilidad, impotencia, vulnerabilidad, heterodoxia, renuncia, despreocupación, fragilidad.

Los amantes/Los enamorados

Representa: El equilibrio entre dos

fuerzas. Signo zodiacal: Géminis

Amor (romántico, platónico, familiar), invitación a buscar balance, unidad, decisiones importantes, amistades, almas gemelas, alineación, deseo, atracción, valores compartidos.

Belleza, unanimidad, pruebas superadas, confianza, honor, comienzo de posible idilio, apasionamiento, optimismo, abandonarse, necesidad de probar o someterse a prueba, lucha entre el amo sagrado y el profano, examen, anhelo.

Invertida: Incapacidad de superar la prueba, infidelidad, separación, frustración en el amor y el matrimonio, interferencia de otros, volubilidad, planes imprudentes.

El carro

Representa: El dominio, el espíritu

triunfando. Signo Zodiacal: Cáncer.

Viaje, movimiento, invitación a darse cuenta de que no todo debe venir contigo, victoria, éxito, confianza en ti misma, velocidad, dar pasos hacia tus metas y sueños, tenacidad, autodisciplina.

Adversidad posiblemente ya superada, influencia conflictiva, disturbio, venganza, huida, evasión de la realidad, perplejidad, necesidad de revisión.

Invertida: Ser desafortunada, vencida, derrota, fracaso, superada.

La fuerza

Representa: El espíritu eterno, capaz de vencer todos los obstáculos y resistencias.

Signo zodiacal: Leo.

Fuerza interior, invitación a ser tu auténtica yo incluso frente a gente queno te apoya, liderazgo feroz pero grácil, pensamientos y acciones puras, confianza, abandonar la duda en ti misma,

serenidad ante la duda o falta de certeza, valor, compasión, empatía.

Valor, fuerza, convicción, energía, determinación, provocación, acción, confianza, habilidad innata, celo, fervor, consecución con peligro considerable, conquista, heroísmo, virilidad, resolución, fortaleza física.

Invertida: Debilidad, mezquindad, enfermedad, tiranía, falta de fe, impotencia.

El ermitaño

Representa: El espíritu que

guía. Signo zodiacal: Virgo

Invitación a meditar, reflexión, introspección, pasar tiempo a solas, tomarse un tiempo, un llamado a escuchar a tu intuición, pausa, transición, contemplación, maestra interna, encontrar guía desde dentro.

Consejo, conocimiento, solicitud, prudencia, precaución, abnegación, retirada, extravío, incapacidad para enfrentarse a los hechos, poseedora de secretos.

Invertida: Imprudencia, juicio incorrecto, inmadurez,

precipitación, atolondramiento.

La rueda de la fortuna

Representa: El espíritu enfrentándose con el destino.

Ciclos de la vida, ciclos kármicos, destino, la montaña rusa que es la vida, invitación a darse cuenta que sanar es un viaje y no vas hacia atrás, rendirte ante lo que no controlas, un cambio importante.

Destino, fortuna, desenlace, felicidad, providencia, ganancias especiales o pérdidas insólitas, resultado, avance, inevitabilidad.

Invertida: Fracaso, curso interrumpido, irregularidad debida a causas inesperadas.

Justicia

Representa: El espíritu equilibrado. Signo zodiacal: Libra.

Balance, verdad, honestidad, leyes, leyes universales, consecuencias naturales, causa y efecto, valores, integridad, responsabilidad (accountability), invitación a hacer lo correcto o encontrar la armonía.

Justicia, armonía, equidad, virtud, honor, virginidad, justa recompensa, buenas intenciones, acciones bien intencionadas, consejo, autosatisfacción.

Invertida: indecisión, acusaciones falsas, fanatismo, severidad en el juicio, abuso.

El colgado/El ahorcado

Representa: El espíritu de renuncia y sacrificio.

Suspensión, invitación a tomarse u tiempo, rendirse, ir con la corriente, dejar ir, falta de dirección, reencuentro con un propósito, aprender nuevas cosas, integrar.

Vida en suspenso, transición, apatía y torpeza, aburrimiento, abandono, sacrificio, arrepentimiento, reajuste, regeneración, mejora.

Invertida: Falta de sacrificio, incapacidad de dedicación, preocupación por el ego, falsa profecía, sacrificio inútil.

La muerte

Representa: El espíritu en transformación. Signo zodiacal: escorpio.

Fin de un ciclo, comienzo de un nuevo ciclo, cambio, transformación, transición, muerte y renacimiento simbólico, metamorfosis, dejar ir, dejar atrás lo que ya no resuena, invitación a abrazar los cambios y nuevas oportunidades.

Cambio inesperado, pérdida, fracaso, final de una situación familiar o amistad, pérdida de ingresos o de seguridad financiera, enfermedad, posiblemente muerte.

Invertida: Estancamiento, inmovilidad, cambios lentos, cambio parcial, evitación apurada de grave accidente, inercia.

��La templanza

Representa: El espíritu dominándose. Signo zodiacal: Sagitario.

Invitación a encontrar la armonía, moderación, mantenerse lejos de los excesos, balance entre lo masculino y femenino, paciencia, propósito, perspectiva, conexiones importantes, almas gemelas.

Moderación, paciencia, adaptación, administración, compatibilidad, fusión, buena influencia, consolidación, imagen materna y paterna, imagen mundana, inspira confianza y complacencia, presagios afortunados.

Invertida: Discordia, conflicto, hostilidad, impaciencia, esterilidad, frustración.

��El diablo

Representa: El espíritu subordinándose. Signo zodiacal: Capricornio.

Invitación a hacer trabajo de sombras e integrar la sombra. Adicción, vicios, sentirse atrapada, problemas de salud mental, escapismo, no dejar ir patrones, juzgarte duramente.

Subordinación, decadencia, cautiverio, malevolencia, experiencias extrañas, incapacidad aparente de conseguir los objetivos propios, violencia, conmoción, fatalidad, egoísmo, tentación por el mal, autodestrucción, ausencia de principios.

Invertida: Liberación del cautiverio, alivio, reconocimiento de las necesidades propias por parte de otra persona, superación de obstáculos insuperables.

��La torre

Representa: El espíritu enfrentándose a la destrucción.

Cambio inesperado o repentino, nuevas perspectivas, trauma, desastre, caos (muerte, desastre natural, divorcio o ruptura, pérdida de trabajo)

Abandono de relaciones pasadas, sucesos inesperados, conclusión, adversidad, ruina, perturbación, pérdida de estabilidad, pérdida de dinero, pérdida de amor y afecto, cambio terrible, enfado.

Invertida: Opresión continuada, atrapado en la ruina o una situación infeliz.

��La estrella

Representa: La esperanza y la

fe. Signo zodiacal: Acuario.

Sanar, esperanza, invitación a creer nuevamente en tus sueños, sueños manifestados, deseos concedidos, propósito, renovación, creatividad, inspiración, serenidad, paz, fe, espiritualidad, oportunidades, nuevo sentido de dirección.

Inspiración, perspectivas positivas, mezcla de pasado y presente, satisfacción placer, oportunidad prometedora.

Invertida: esperanzas no satisfechas, decepción, falta de oportunidad, terquedad.

La luna

Representa: El espíritu de la inspiración. Signo zodiacal: piscis.

Sueños, visiones, la mente inconsciente, inseguridad, miedo, ansiedad, invitación a dejar ir lo que ya no resuena, ilusiones, verdades ocultas, misterio, simbolismo, metáforas, invitación a seguir la intuición.

Decepción, ocaso, oscuridad, engaño, aviso, advertencia, mala influencia, motivos ocultos, egoísmo, astucia, promesas falsas, desgracia, calumnias, responsable, alguien de quien aprovecharse, incapacidad de escapar los peligros que te rodean.

Invertida: una decepción leve reconocida antes de que el daño esté hecho, errores insignificantes, superar malas tentaciones, alguien que se aprovecha de otros.

El sol

Representa: Tranquilidad.

Invitación a decirte que sí a ti misma y tus sueños, abundancia, alegría, realización, éxito, sueños manifestándose, positividad, libertad, calidez, vitalidad, creatividad, abrazar a tu niña interior, diversión, celebración, familia.

Logro, alegría, satisfacción, relación favorable, amor, regocijo, devoción, sentimientos desinteresados, compromiso, augurio favorable, una buena amistad, ánimo, sinceridad, destreza en las artes.

Invertida: Infelicidad, soledad, planes cancelados, futuro nublado, ausencia de amistad.

��El juicio

Representa: El espíritu de la conciencia cósmica.

Despertar espiritual, epifanía, un ajuste de cuentas, conocer tu propósito, una realización importante acerca de ti misma/ tu carrera/relaciones, renacimiento, encontrar tu llamado, perdón, aceptación, introspección.

Expiación, juicio, la posibilidad de que la conducta actual hacia otras personas sea injusta y grosera, rejuvenecimiento, promoción, deseo de la inmortalidad, la posibilidad de que alguien se esté aprovechando de ti y se arrepienta en el futuro, juicio legal a nuestro favor.

Invertida: impuntualidad, aversión, incapacidad de comprender los hechos, indecisión, divorcio, robo, alienación de afecto.

El mundo

Representa: El espíritu en el terreno material.

Fin de un ciclo, cierre, alegría, sentirse llena, abundancia, éxito, ascenso, invitación a completar un proyecto o tarea, integración, logro, viajar por el mundo literalmente.

Logro, terminación, perfección, cambio definitivo, el resultado final de todos los esfuerzos, éxito, seguridad, síntesis, consecución, capacidad, los frutos del trabajo duro, el camino de la liberación, vida eterna.

Invertida: imperfección, imposibilidad de completar las tareas que se empiezan, falta de visión, fracaso y decepción.

Arcanos menores

Bastos

Los bastos están asociados al elemento fuego, a los días, y a la primavera. Nos hablan de creatividad, pasión, ambición, negocios, carrera y tomar acción.

Espadas

Las espadas están asociadas al elemento aire, las semanas y el otoño. Nos hablan de intelecto, conflicto, salud mental y asuntos de la mente.

Copas

Las copas están asociadas al elemento agua, a los meses y al verano. No hablan de emociones, relaciones y asuntos del corazón.

Oros

Los oros o pentáculos están asociados al elemento tierra, a los años y el invierno. Nos hablan de centrarse, dinero, confianza, lo material y asuntos del cuerpo.

Nuevos comienzos, esencia, cimientos, potencial, oportunidad, nacimiento.

As

As de bastos: Ideas nuevas, inspiración, visión y potencial creativos, pasión, nuevos comienzos, aventuras, deberías ir por ello, sentirse emocionada acerca de ideas. Creación, inicio, fortuna, empeño, nacimiento de un hijo.

Invertida: Mal principio, futuro sombrío, decadencia, humillación, planes suspendidos.

As de copas: Estar abierta a nuevas conexiones y relaciones, abrirse, intimidad, expresar nuestros sentimientos, compasión, un llamado al amor propio. Realización, perfección, alegría, fertilidad, opulencia, productividad.

Invertida: Cambio, erosión, inestabilidad, esterilidad, amor no correspondido, alegría ensombrecida, falsedad, inconsistencia, alteración.

As de espadas: Claridad, enfrentarse a la verdad, enfrentarse a la realidad, analizar pensamientos y motivaciones, idea súbita, ¿qué pasaría? Gran determinación, iniciativa, fortaleza, actividad, exceso, triunfo, poder, fertilidad, prosperidad, amor, profundo sentimiento emocional, campeonato, conquista.

Invertida: Desastre, tiranía, turbación, obstáculo, infertilidad, impedimento.

As de oros: Empezar de cero, comenzar un nuevo camino, plantar semillas para el éxito, abundancia, logros, buen comienzo. Perfección, consecución, prosperidad, felicidad, deleite, oro, gran fortuna.

Invertida: Prosperidad sin felicidad, corrupción por el dinero, avaricia.

Dos

Acercarse, dualidad, camaradería, balance, armonía.

Dos de bastos: valentía, abrazar nuevas ideas, posibilidades, elección entre comodidad y aventura, ampliar perspectivas, sentirse poderosa. Persona madura, ama de llaves, consecución de objetivos y necesidades, atrevimiento, personalidad dominante.

Invertida: tristeza, problemas, pérdida de fe, sorpresa inesperada.

Dos de copas: conexión emocional alegre (almas gemelas, amistades, uniones, etc), atracción, alianza, entendimiento mutuo, amor romántico, establecer un vínculo, necesidad de practicar amor propio. Amor, amistad incipiente o renovada, pasión, unión, cooperación, conexión.

Invertida: amor insatisfactorio, falsa amistad, separación, deseos encontrados.

Dos de espadas: sentimientos bloqueados, tomar una decisión difícil, negación, ideas u opciones opuestas, indecisión, barreras, ceguera ante la verdad, reprimir sentimientos, alejar a otros. Fuerza equilibrada, armonía, firmeza, factores de compensación, punto puerto, afecto, concordia.

Invertida: falsedad, tergiversación, traición, falsos amigos, mentiras, deshonra.

Dos de oros: una llamada al balance, buscar paz, multi-tasking, ir con la corriente, adaptación al cambio, flexibilidad, gracia ante la presión. Dificultad al emprender nuevos proyectos, surgimiento de situación difícil, nuevos problemas, preocupación, inquietud, desazón.

Invertida: instruida, capacidad de solucionar problemas, alegría impuesta, carta.

Tres

viaje, crecimiento, expansión, creatividad, cooperación, fecundidad

Tres de bastos: expansión, exploración, progreso, ampliación de horizontes, inicio de un nuevo viaje, perspectiva abierta, llegada de oportunidades/manifestación, comprensión de las ambiciones/vocación

Invertida: ayuda con motivo ulterior, traición, adversión que debilita.

Tres de copas: amistad/alma gemela/hermano, celebración, hacer amigos, alma familiar, formar parte de un grupo/comunidad, comunicación, abundancia, camaradería, sinergia

Invertida: Placeres excesivos, superabundancia, pérdida de prestigio, retrasos.

Tres de espadas: pérdida, pena/tristeza, desamor, invitación a la curación/duelo, descubrimiento de una verdad dolorosa, triángulo amoroso, infidelidad, dolor emocional, rechazo, traición, abandono

Invertida: Distracción, error, incompatibilidad, separación, pérdida, enajenación.

Tres de oros: trabajo en equipo, enseñanza, cooperación, estrategia, espíritu de equipo, habilidad y detalle, crecimiento material o profesional.

Invertida: mediocridad, problemas de dinero, preocupación, calidad inferior.

Cuatro

descanso, estabilidad, seguridad, bases sólidas

Cuatro de bastos: celebración, libertad, estabilidad en el hogar/ relaciones, hito, liberación de las expectativas de los demás, espontaneidad

Invertida: Romance fallido, inseguridad, belleza mancillada, felicidad incompleta.

Cuatro de copas: retraimiento, retiro, pasividad, apatía, duda, reflexión, estar a la defensiva, cuestionarse a sí misma.

Invertida: nuevas posibilidades, nuevo conocimiento, nuevo trato.

Cuatro de espadas: descanso/sueño, curarse del agotamiento, tomar vacaciones, un descanso, reflexión, recuperación

Invertida: actividad, precaución, economía, deseo de recuperar lo perdido, prudencia.

Cuatro de oros: estabilidad, ahorro de dinero, generosidad, resistencia al cambio, creencias limitantes sobre el dinero

Invertida: reveses materiales, obstáculos, incertidumbre y retraso, pródigo.

Cinco

acción renovada, desafío, cambio, problemas, pérdida, inestabilidad

Cinco de bastos: competencia/rivalidad, desacuerdo, disonancia, conflicto con otras personas, empujado por otros para sobresalir, energía dinámica, disputa, lucha, deseos instatisfactorios.

Invertida: superchería, contradicciones, complicación, precaución contra indecisión.

Cinco de copas: duelo, pérdida, decepción, aferrarse a cosas del pasado, trabajo en la sombra/liberación, desequilibrio emocional, pesimismo

Invertida: futuro favorable, alianza, afinidad, vuelta de un viejo amigo, reunión.

Cinco de espadas: conflicto/pérdida, derrota, estrategias engañosas/manipulación, sentimiento de culpa, invitación a desarrollar habilidades/confianza

Invertida: futuro incierto, debilidad, desgracia de un amigo, seducción, entierro.

Cinco de oros: problemas financieros/sanitarios, sensación de soledad, preocupación por el dinero/salud, dificultades, desatención a tus necesidades

Invertida: cambio de mala racha, nuevos intereses en lo material, superar la ruina.

Seis

reconocimiento, volver a centrarse, armonía, paz, comodidad.

Seis de bastos éxito, ser visto/centro de atención, inspirar a otros, orgullo, logro/triunfo, victoria/recompensa.

Invertida: retraso indefinido, temor, deslealtad, beneficio superficial.

Seis de copas: nostalgia, infancia/niño interior, inocencia, reencuentro con personas del pasado, armonía, buenos recuerdos, alegría

Invertida: el futuro, planes que pueden fracasar, lo que sucederá pronto.

Seis de espadas: nueva perspectiva, alejarse/cambiar de lugar, dejar atrás el pasado, transición, seguir adelante/ esperanza, curación, evolución personal

Invertida: situación desesperada, propuesta inesperada, confesión, declaración.

Seis de oros: generosidad, dar y recibir, ayuda de los demás, avance/despertar, estar "en flujo" con el universo

Invertida: avaricia, egoísmo, celos, deudas peligrosas, préstamos no pagados.

Siete

conflicto, evaluación, reflexión, descubrimiento

Siete de bastos: desafío, recibir odio por tu crecimiento/ cambios, seguir siendo tú mismo, brillar con tu luz y compartir ideas

Invertida: consternación, ansiedad, embarazo, duda que causa pérdidas, perplejidad.

Siete de copas: fantasías, elecciones/opciones, invitación a avanzar sin conocer la historia completa, ilusiones, sentirse desorganizado

Invertida: una meta casi alcanzada, elección inteligente,

resolución, deseos, voluntad.

Siete de espadas: deshonestidad/engaño, huir de la verdad/ evitar la responsabilidad, salirse con la suya, ser honesto con uno mismo, que el universo sea testigo de tus verdaderas intenciones

Invertida: argumentos, querellas, consejo o recomendación inciertos, calumnia.

Siete de oros: frutos del trabajo, estado de gratitud, invitación a seguir adelante, inversión, diligencia, progreso

Invertida: ansiedad, incomodidad, acciones imprudentes, pérdida de dinero.

Ocho

esperanza, progreso, autodominio, logro

Ocho de bastos: acción, decisión en una fracción de segundo, velocidad/momento, viajar, buenas noticias, cambio en el aire, en la corriente, desarrollos rápidos

Invertida: pesadumbre por disputas, celos, persecución, querellas, retraso, peleas.

Ocho de copas: cambiar de dirección/pasar a otra cosa, dejar ir, soltar lo que ya no resuena, invitación a mover la energía atascada, decepción/perder la esperanza

Invertida: felicidad, esfuerzo continuado hasta conseguir el éxito, alegría, deleite.

Ocho de espadas: restricción, sentirse atascado/atrapado, cegado por tus viejas historias, invitación a abrir los ojos para ver la verdad, soltar viejas historias, dispersión, falta de dirección

Invertida: traición en el pasado, dificultad, depresión, intranquilidad, fatalidad.

Ocho de oros: progreso metódico, diligencia, disciplina, conocimiento, enfoque, maestría, desarrollo de habilidades, propósito del alma, artesanía

Invertida: sin ambición, vanidad, susceptible, desilusión, usura, hipocresía, intriga.

Nueve

Conciencia, despertar, fruición, logro

Nueve de bastos: determinación, entusiasmo por lo que está por venir, perseverancia, compromiso, encontrar motivación ante las dificultades

Invertida: adversidad, problemas, retrasos, desastre, barreras a superar, mala salud.

Nueve de copas: gratitud, abundancia, invitación a centrarse en la alegría/gratitud, satisfacción, cumplimiento de deseos, manifestación

Invertida: errores, pérdida material, imperfecciones, confianza burlada, falsa libertad, oposición, diferencias, disputa.

Nueve de espadas: insomnio, depresión/ansiedad, pesadillas, preocupación/miedo, momento de centrarse en lo que va bien, desesperación, angustia

Invertida: duda, rumor calumnioso, vergüenza, escrúpulo, temor justificado.

Nueve de oros: abundancia, éxito financiero, independencia, paz interior, hitos cumplidos, contentamiento/satisfacción

Invertida: amenaza a la seguridad, ruindad, disipación, peligro, arrebatos, mala fe, posible pérdida de amistad importante o una posesión valiosa.

Diez

Exceso, finales/principios, renovación, pausa entre estados

Diez de bastos: asumir demasiadas cosas, extenderse demasiado, invitación a priorizar/pedir ayuda, sobrecarga, cargas, responsabilidades

Invertida: dificultades, intrigas, traición, farsante, posibles pérdidas.

Diez de copas: familia, bendiciones, armonía, comunidad, plenitud, apertura/expansión del corazón, finalización de un ciclo.

Invertida: pérdida de amistad, infelicidad, riña familiar, mezquindad, ira, combate.

Diez de espadas: finales dolorosos, tocar fondo, sentirse atacado, muerte/renacimiento, invitación a encontrar esperanza/ sanación

Invertida: beneficio, ganancia temporal, éxito pasajero, provecho, mejora.

Diez de oros: estabilidad/seguridad, compartir la abundancia, comunidad, construir un legado

Invertida: pérdidas posibles, riesgo, robo, pérdida de herencias, disipación, juego.

Sota (Page)

Novedad, perspectiva fresca, infantil, niño interior, niño literal

Sota de bastos: comienzos creativos, nueva habilidad/pasión, curiosidad

Invertida: indecisión, resistencia, inestabilidad, murmuración, desagrado.

Sota de copas: soñador, nueva relación, magia/sincronicidad, sensibilidad

Invertida: inclinación, desviación, susceptibilidad, seducción, un adulador.

Sota de espadas: soñador, nueva relación, magia/ sincronicidad, sensibilidad

Invertida: impostor, imprevisto, posible enfermedad, impotencia ante fuerzas mayores.

Sota de oros sed de conocimiento, curiosidad, estudiante de la vida, amor por el aprendizaje

Invertida: pensamiento ilógico, rebeldía, prodigalidad, pérdidas, malas noticias.

Caballo/Caballero

decisivo/imprudente, impulsivo, excitado, joven

Caballo de bastos: pasión, impulso/espontaneidad, perseguir sueños/metas, aventurero

Invertida: discordia, interrupción, cambio inesperado, alejamiento, discusión.

Caballo de copas: romántico, sensible, apasionado, artístico, creativo, busca la conexión, muy emocional

Invertida: perspicacia, artificio, estrategama, fraude, persona taimada y astuta.

Caballo de espadas: ambición, precipitación, decisión rápida, obstinado, influyente

Invertida: incapacidad, imprudencia, simplicidad, desunión, errores impulsivos.

Caballo de oros: rutina, disciplina, resistencia, seguridad, pragmatismo, expansión

Invertida: estancamiento, descuido, inercia, estrechez de miras, holgazanería.

Reina

gracia, generosidad, mujer/madre divina, amorosa, nutritiva, integridad

Reina de bastos creativa, apasionada, segura de sí misma, paso al poder, invitación a no empequeñecerse para que los demás se sientan cómodos

Invertida: celos, decepción, infidelidad, emociones inestables, volubilidad, oposición.

Reina de copas: intuitiva, emocionalmente inteligente, liderando con el corazón, energía curativa

Invertida: inconsistencia de honor, indigna de confianza, vicio, deshonestidad.

Reina de espadas: comunicación directa, perceptiva, inteligente, búsqueda de la verdad, sabia/lógica

Invertida: poquedad, malicia, fanatismo, decepción, sed de venganza, enemigo traidor.

Reina de oros: con los pies en la tierra, riqueza/abundancia material, con los pies en la tierra, sanadora

Invertida: falsa prosperidad, incertidumbre, sospecha, responsabilidades desatendidas, persona viciosa, temerosa del fracaso, persona indigna de confianza.

Rey

maduro, autoridad, masculino/padre divino, fuerte brújula moral, pensamiento blanco y negro

Rey de bastos: líder natural, emprendedor/empresario, visionario, magnetismo

Invertida: severidad, austeridad, dogmatismo, cautela, ideas excesivas y exageradas.

Rey de copas: amor, inteligencia emocional, paciencia, apoyo, energía calmante/meditativa, aceptación/ amabilidad

Invertida: temperamento artístico, duplicidad, deshonestidad, escándalo, ruina, injusticia, persona taimada y poco virtuosa, pérdida, inconstante en el trato.

Rey de espadas: perspicaz, ingenioso, aprende rápido, resuelve problemas, muy ético/lógico, reglas/ley, pensador claro, gran comunicador

Invertida: persona que persigue algo que puede arruinarla, crueldad, conflicto, egoísmo.

Rey de oros: abundancia material, paciencia, líder cálido, acogedor y con los pies en la tierra, disciplina, capacidad de gestión

Invertida: corrupción, avaricia, infidelidad, hombre viejo y vicioso, peligro, amenaza.

Deidades asociadas

Panteón Griego

Afrodita

- La emperatriz
- Los amantes
- La Luna
- La Estrella
- El Mundo
- IV de Bastos
- Reina de Bastos
- As de Copas
- II de Copas
- VI de Copas
- Reina de Copas
- Reina de Pentáculos
- Reina de Espadas

Apolo

- El Mago
- El Carro
- El Hierofante
- El Ermitaño
- El Colgado
- El Sol

- As de bastos
- VII de Bastos
- Paje de Bastos
- Caballero de Bastos
- VII de Copas
- Paje de Copas
- VII de Pentáculos
- Paje de Pentáculos
- VII de Espadas
- Paje de Espadas

Ares

- El Emperador
- El Carro
- La Fuerza
- La Torre
- V de Bastos
- III de Espadas
- V de Espadas
- Caballero de Espadas
- Rey de Espadas

Artemisa

- La Emperatriz
- La Suma Sacerdotisa
- La Fuerza
- El Ermitaño
- La Luna
- V de Bastos
- Reina de Bastos
- Reina de Copas
- IX de Pentáculos

- II de Espadas
- V de Espadas
- Caballero de Espadas
- Reina de Espadas

Atenea

- La Emperatriz
- El Hierofante
- El Carro
- La fuerza
- La Justicia
- El Ermitaño
- El Ahorcado
- La estrella
- El Mundo
- II de Bastos
- Paje de Bastos
- Reina de Bastos
- VII de Copas
- Reina de Copas
- IX de Pentáculos
- Paje de Pentáculos
- Reina de Pentáculos
- As de Espadas
- II de Espadas
- V de Espadas
- VIII de Espadas
- Paje de Espadas
- Reina de Espadas

Cronos

- Rey de Copas

- Rueda de la Fortuna

Deméter

- La Gran Sacerdotisa
- La emperatriz
- La Luna
- El Sol
- La Reina de Bastos

Dionisio

- El Loco
- Los Enamorados
- La Fuerza
- El Diablo
- La Torre
- El Sol
- Caballero de Bastos
- Rey de Bastos
- III de Copas
- Rey de Espadas

Erebus

- Muerte
- Juicio
- IX de Espadas

Eris

- La Torre

- El Carro
- Reina de Bastos

Eros

- El Emperador
- El Rey de Espadas

Gaïa

- La Gran Sacerdotisa
- La fuerza
- El Mundo
- La Estrella
- La Reina de Bastos
- As de Copas

Hades

- El Emperador
- La Justicia
- La muerte
- Juicio
- VI de Copas
- Rey de Copas
- IV de Pentáculos
- VI de Pentáculos
- X de Pentáculos
- Caballero de Pentáculos
- Rey de Pentáculos
- III de Espadas
- IV de Espadas
- VI de Espadas
- IX de Espadas

- X de Espadas

Hécate

- La emperatriz
- La Gran Sacerdotisa
- El Mago
- La Rueda de la Fortuna
- El Ermitaño
- La Justicia
- La muerte
- El Diablo
- La Torre
- La Luna
- La reina de pentáculos
- II de Espadas
- VI de Espadas

Hefesto

- Rey de Bastos
- III de Pentáculos

Hera

- La emperatriz
- Los amantes
- La Fuerza
- La Rueda de la Fortuna
- La Estrella
- IV de Bastos
- La Reina de Bastos
- II de Copas
- X de Copas

- Reina de Copas
- IX de Pentáculos
- Reina de Pentáculos

Hermes

- El Loco
- El Mago
- El Hierofante
- El Carro
- La rueda de la fortuna
- La Muerte
- El Caballero de Copas
- II de Pentáculos
- III de Pentáculos
- VI de Espadas
- VII de Espadas
- Caballero de Espadas

Nike

- La Suma Sacerdotisa
- VI de Bastos
- Reina de Bastos
- X de Copas
- Reina de Copas

Nyx

- La Muerte
- La Luna
- II de Copas

Urano

- El Emperador
- El Mago
- La Rueda de la Fortuna
- VII de Pentáculos

Perséfone

- La Emperatriz
- La Suma Sacerdotisa
- Los amantes
- La fuerza
- La Muerte
- La Templanza
- La Luna
- Juicio
- Reina de Bastos
- V de Copas
- Reina de Copas
- As de pentáculos
- III de Pentáculos
- IV de Pentáculos
- VI de Pentáculos
- Caballero de Pentáculos
- Reina de Pentáculos
- Rey de Pentáculos
- IV de Espadas
- VI de Espadas
- VIII de Espadas
- IX de Espadas
- X de Espadas

Poseidón

- El Emperador
- La Luna
- As de Copas
- Rey de Copas

Rea

- El Sol
- Reina de Pentáculos

Tánatos

- El Emperador
- La Muerte
- IV de Espadas
- X de Espadas

Tetis

- El Sol
- Reina de Copas

Zeus

- El Emperador
- La Justicia
- La Rueda de la Fortuna
- El Ahorcado
- IV de Bastos
- Rey de Copas
- Rey de Espadas

Panteón romano

Diana

- La Gran Sacerdotisa
- La fuerza
- La Luna

Fortuna

- Rueda de la Fortuna
- La Reina de Copas

Júpiter

- Rueda de la Fortuna
- IV de Copas

Marte

- El Carro
- La fuerza

Plutón

- Juicio
- Rey de Copas

Venus

- El Loco
- La Estrella

Panteón nórdico

Eir

- La emperatriz
- IV de Copas

Freyja

- La emperatriz
- La Gran Sacerdotisa
- El Mago
- Los amantes
- El Carro
- La muerte
- La justicia
- La fuerza
- La Luna
- La Estrella
- El Mundo
- As de bastos
- VI de Bastos
- Reina de Bastos
- As de Copas
- II de Copas
- VII de Copas
- X de Copas
- Reina de Copas

- IX de Pentáculos
- IX de Espadas
- Caballero de Espadas
- Reina de Espadas

Frigg

- La Gran Sacerdotisa
- El Sol

Hela

- La Emperatriz
- La Gran Sacerdotisa
- La fuerza
- La Muerte
- El Diablo
- La Torre
- La Rueda de la Fortuna
- La Luna
- La Estrella
- La Reina de Bastos
- La Reina de Copas
- La reina de pentáculos
- Reina de Espadas

Loki

- El Loco
- El Mago
- La Fuerza
- El Colgado
- La Torre
- VIII de Bastos

- Rey de Bastos
- Paje de Copas
- II de Pentáculos
- VIII de Pentáculos
- VII de Espadas
- VIII de Espadas
- Sota de Espadas

Mimir

- El Carro
- II de Bastos
- El Caballero de Espadas

Odín

- El Emperador
- El Hierofante
- La Justicia
- El Ermitaño
- La Rueda de la Fortuna
- El Ahorcado
- La muerte
- El juicio
- El Mundo
- II de Bastos
- III de Bastos
- VI de Bastos
- IX de Bastos
- Rey de Bastos
- Rey de Copas
- Paje de Pentáculos
- IX de Espadas
- Paje de Espadas
- Rey de Espadas

Sigyn

- La Emperatriz
- El Carro
- Los Amantes
- La Fuerza
- La Templanza
- IV de Bastos
- VI de Bastos
- Reina de Bastos
- II de Copas
- Reina de Pentáculos

Sol

- La Suma Sacerdotisa
- El Sol
- Reina de Copas
- La reina de pentáculos

Thor

- El Carro
- VI de Bastos
- V de Espadas
- Caballero de Espadas
- Rey de Espadas

Panteón Egipcio

Anubis

- Muerte
- IV de Espadas
- VI de Espadas

Horus

- Justicia
- Juicio
- La Luna
- El Mundo

Isis

- La emperatriz
- La Suma Sacerdotisa
- Los amantes
- La Justicia
- La Rueda de la Fortuna
- La Muerte
- La Luna
- La estrella
- El Mundo
- II de Copas
- III de Copas
- La Reina de Copas

Neith

- La Emperatriz
- La Suma Sacerdotisa
- La Rueda de la Fortuna
- La Luna

Nut

- La Luna
- El mundo

Sekhmet

- La Fuerza
- Reina de Bastos

Ra

- El Emperador
- El Sol
- Caballero de Bastos
- Rey de Espadas

Panteón Celta

Brígida

- El Hierofante
- La Luna

Epona

- La Estrella
- VI de Bastos

La Morrigan

- Alta Sacerdotisa
- La Muerte
- El Diablo
- La Torre
- La Reina de los Pentáculos
- III de Espadas
- X de Espadas

Deidades Abrahámicas

Lilith

- La Emperatriz
- La Suma Sacerdotisa
- Los Amantes
- La Fuerza
- El Diablo
- La Torre
- La Luna
- La Estrella
- La Reina de Espadas

Lucifer

- El Diablo
- La Templanza
- La Justicia
- La Estrella
- V de Pentáculos
- III de Espadas
- X de Espadas

www.ingramcontent.com/pod-product-compliance
Lightning Source LLC
LaVergne TN
LVHW020525160826
845677LV00015B/3913
* 9 7 9 8 8 4 9 2 0 0 3 7 8 *